AF283897

RAFFAELLA BARITONO

Angela Davis

MUJERES Y
PENSAMIENTO
POLÍTICO

altamarea

Primera edición en esta colección: octubre de 2024

© 2024 Raffaella Baritono
© de la presente edición: Altamarea Ediciones

© de la traducción: Raquel Olcoz

Diseño de la colección: Sara Maroto Hebrero
Corrección: Laura Arias Gálvez
Maquetación: María Marín

El proyecto «Mujeres y pensamiento político» cuenta con el
apoyo del Istituto di Studi Storici Gaetano Salvemini de Turín

Istituto di studi storici
 Gaetano Salvemini

ISBN: 978-84-18481-82-6
DL: M-18483-2024

Impreso en España por Estugraf en agosto de 2024

RAFFAELLA BARITONO

Angela Davis

Traducción de
Raquel Olcoz

Raffaella Baritono es profesora de Historia y Política de Estados Unidos en la facultad de Ciencias Políticas de la Universidad de Bolonia.

NOTA DE LOS EDITORES

¿Cómo y hasta qué punto han contribuido las mujeres a conformar el pensamiento político? Quien busque la respuesta a esta pregunta en los manuales universitarios quedará perplejo: aparte de en contadas excepciones, es muy difícil encontrar nombres femeninos en los textos que recorren la historia del pensamiento político moderno y contemporáneo. Una ausencia aún más llamativa si tenemos en cuenta el gran número de trabajos especializados hoy disponible, dedicados a figuras relevantes, en particular a las mujeres que, desafiando el tradicional monopolio masculino, supieron hacerse notar en los ambientes socio-culturales y en los sectores profesionales —desde la ciencia a la política, del deporte al mundo empresarial— de los que por tanto tiempo fueron excluidas a causa de los prejuicios.

De la constatación de esta ausencia, que testimonia un retraso no exento de culpa, nace la idea de esta colección: una serie de estudios dedicados a pensadoras y teóricas de la política, redactados de manera depurada y eficaz, fruto de recientes investigaciones confiadas a estudiosas y estudiosos de la disciplina. De esta manera se bosqueja una primera panorámica de la fundamental contribución femenina al desarrollo teórico y conceptual, a la deconstrucción y resignificación de los grandes temas que atraviesan «lo político». Un trabajo que aproxima, aunque no siempre coincide, a la historia del pensamiento feminista, de la perspectiva de género y de la emancipación de la mujer, y que permite formar un enfoque novedoso, quizás solo por desconocido, de la instauración de la «modernidad política» que —bajo la mirada de estas pensadoras— se muestra todavía más condicionada por una miríada de aporías.

Cristina Cassina,
Giuseppe Sciara,
Federico Trocini

Cronología esencial

1944 Nace en Birmingham, Alabama, el 26 de enero, la primera de cuatro hermanos: Angela, Ben, Reginald y Fania. La madre, Sally Bell Davis, maestra, y el padre, B. Frank Davis, eran activistas por los derechos civiles.

1948 La familia se traslada de una vivienda de protección oficial a una casa adosada en Center Street. Fue la primera familia negra que se mudó a esa zona.

1956 Asiste a la Carrie A. Tuggle, una escuela primaria segregada, y posteriormente a la Parker Annex, una sección de la escuela secundaria Parker High School de Birmingham.

1959 Entra en las Girl Scouts y participa en la reunión nacional que se celebra en Colorado el mismo año. Inicia su compromiso a favor de los derechos civiles. Obtiene una beca del American Friends Service Committee y es admitida en el instituto Elisabeth Irwin, en Greenwich Village, Nueva York. Allí entra en contacto con la organización juvenil comunista Advance.

1961 Recibe una beca para matricularse en la Universidad Brandeis, donde será una de las tres únicas estudiantes afroamericanas de la clase, y donde conocerá a Herbert Marcuse en una manifestación con motivo de la crisis de los misiles en Cuba.

1962 Primer viaje por Europa. Participa en el VIII Festival Mundial de la Juventud Estudiantil en Helsinki y visita, además, París, Lausana y Ginebra.

1963 Becada por el Hamilton College, cursa un año de estudios en Francia, primero en Biarritz, después en París.

1964–65 Regresa a Estados Unidos y asiste a clases de Marcuse. Se gradúa *magna cum laude* en Literatura Francesa y entrar a formar parte de Phi Beta Kappa, la más antigua, prestigiosa y selectiva sociedad de honor estadounidense. Decide escribir una tesis doctoral en Filosofía en Frankfurt.

1965–67 Asiste a la Universidad Goethe de Frankfurt, donde estudia con Theodor Adorno, pero decide regresar a Estados Unidos y continuar su labor de investigación con Marcuse en la Universidad de California en San Diego.

1967 Participa en la conferencia de las juventudes negras que tiene lugar en Watts, Los Ángeles, donde entra en contacto con James Forman, del Student Non-violent Coordinating Committee (SNCC) y con Franklin Alexander, del Partido Comunista estadounidense. Comienza a acercarse al Partido Pantera Negra.

1968 Dirige la Escuela de Liberación del SNCC, pero cuando el grupo es acusado de ser infiltración comunista, la relevan de su puesto. Davis se une entonces al colectivo comunista Che-Lumumba de Los Ángeles y participa en el Congreso del Partido Pantera Negra en Oakland.

1969 Obtiene el título de máster en Filosofía y completa los requisitos necesarios para recibir el doctorado, con excepción de la tesis. Realiza su primer viaje a Cuba.

1969–70 Es contratada como profesora adjunta interina en el departamento de Filosofía de la Universidad de California, Los Ángeles (UCLA) después de haber recibido otras ofertas de las universidades de Princeton y Swarthmore. El nombramiento es revocado, pero Angela Davis impugna esta decisión, dando inicio a un proceso judicial contra la junta de gobierno de la universidad.

Comienza su compromiso a favor de los activistas encarcelados en la prisión de Soledad y entra a formar parte del comité de defensa de George Jackson, John Clutchette y Fleeta Drumgo, tres presos injustamente acusados de haber matado a un guardia de prisiones durante una revuelta.

1970 El 7 de agosto, durante una audiencia del proceso de los «hermanos Soledad», Jonathan P. Jackson, hermano de George Jackson, toma como rehenes al juez del tribunal del condado de Marin, al fiscal y a tres mujeres del jurado, y entrega las armas a los imputados afroamericanos implicados. Davis es acusada de complicidad y el 9 de agosto huye a Nueva York. El 18 de agosto, el FBI de J. Edgar Hoover la incluye en la lista de las diez personas más peligrosas, y el 13 de octubre es capturada. Su extradición a California, donde queda sometida a régimen de aislamiento, no se producirá hasta diciembre.

1971   El 7 de enero comienza el juicio en el Tribunal del condado de Marin, e inmediatamente se convierte en un asunto de interés mundial.

Publica *If They Come in the Morning: Voices of Resistance,* un volumen en el que narra su experiencia judicial.

1972   El 23 de febrero le conceden la libertad provisional bajo fianza. El 4 de junio, el veredicto confirma la absolución de Angela Davis de todas las acusaciones que se le imputaban. Emprende una gira que la lleva a Cuba (adonde regresará en 1973 y 1974), a la Unión Soviética (donde obtiene un doctorado *honoris causa* por la Universidad de Moscú) y a la República Democrática Alemana, donde le otorgan la licenciatura *ad honorem* de la Universidad Karl Marx de Leipzig y la ciudadanía honoraria de Magdeburgo, y donde, además, conoce al recién elegido líder del Partido Socialista Unificado de Alemania, Erich Honecker.

1973   Regresa a la RDA al frente de la delegación estadounidense con motivo del x Festival Mundial de la Juventud, celebrado en Berlín Oriental.

1974   Publica su *Autobiografía* (Random House).

1975   Comienza a impartir clases en el programa de Estudios negros de la Universidad Claremont.

1978   Imparte un curso sobre Estudios de género en el Instituto de Arte de San Francisco.

1979   Le otorgan el Premio Lenin de la Paz.

1980–84   Profesora de Estudios étnicos en la Universidad Estatal de San Francisco.

1980	Candidata a la vicepresidencia por el Partido Comunista de Estados Unidos en las elecciones presidenciales. El partido obtiene menos del 0,02% de los votos. Repetirá candidatura en 1984.
1981	Publica *Race and Class* (Random House).
1984	Publica la primera versión de *Women, Culture & Politics* (Vintage Books).
1991	Abandona el Partido Comunista después de que este apoye el intento de golpe de Estado soviético y funda el Commitee of Correspondence for Democracy and Socialism. Comienza a impartir Historia de la Conciencia y de los Estudios Feministas en la Universidad de California, Santa Cruz y en la Universidad Rutgers.
1995	Se opone a la *Million Man March* organizada por Louis Farrakhan, que excluye a las mujeres; acusa de chovinismo a los organizadores.
1997	En una entrevista concedida a la revista *Out,* se declara lesbiana, y combate contra la opresión y las discriminaciones de la comunidad LGTBQ+, así como de los afroamericanos, las mujeres y las minorías étnico-raciales.
1998	Publica *Blues Legacies and Black Feminism: Gertrude «Ma» Rainey, Bessie Smith and Billie Holiday* (Vintage Books).
2000	Junto a Kimberlé Crenshaw y otras mujeres, funda la African American Agenda 2000, una alianza de feministas afroamericanas.

2005	Publica *Abolition Democracy: Beyond Prisions, Torture and Empire* (Seven Stories Press).
2008	Profesora emérita de la Universidad de California, Santa Cruz.
2011	Apoya el movimiento *Occupy Wall Street.*
2012	Le otorgan el Blue Planet Award por su contribución para mejorar las condiciones sociales. Publica *The Meaning of Freedom and Other Difficult Dialogues* (City Lights).
2015	Publica *Freedom is a Constant Struggle: Ferguson, Palestine and the Foundations of a Movement* (Haymarket Books).
2016	Le otorgan el título honorífico de *Doctor of Humane Letters in Healing and Social Justice* del California Institute of Integral Studies, en San Francisco.
2017	Es una de las principales portavoces y la copresidenta honoraria de la Marcha de las Mujeres del 21 de enero en Washington, manifestación en protesta por la investidura de Donald Trump como presidente.
2018	Obtiene la licenciatura *honoris causa* de la Universidad Dalhousie en Halifax, Nueva Escocia, con ocasión de la primera *Viola Desmond Legacy Lecture,* fundada con motivo del bicentenario de la institución.
2019	El 7 de enero, el Instituto de los Derechos Civiles de Birmingham revoca a Davis el premio Fred Shuttlesworth por los Derechos Humanos Rights Award después de

que esta manifestara públicamente su apoyo al boicot a Israel en favor de los derechos de los palestinos. El 25 de enero, sin embargo, el Instituto rectifica y se disculpa públicamente con Angela Davis.

Ingresa en la Sociedad Americana de las Artes y las Ciencias.

I. Un mundo nuevo se abrió ante mis ojos

Angela Yvonne Davis nació en Birmingham, Alabama, en 1944, en el corazón de la segregación racial del sur, uno de los bastiones del racismo y «cuna de la Confederación». Fue la primogénita de una familia negra de clase media. Su madre, Sally Bell Davis, era maestra, activista en el movimiento por los derechos civiles adherido al Southern Negro Youth Congress, al que pertenecían también varios miembros del Partido Comunista. En los años treinta, Sally formó parte del comité que luchó por la liberación de los llamados *Scottsboro boys,* nueve adolescentes que fueron acusados injustamente de abuso sexual contra dos mujeres blancas. El juicio tuvo un gran eco a nivel nacional y puso de manifiesto el compromiso tanto de la National Association for the Advancement of Colored People (NAACP, una organización en defensa de los derechos civiles fundada en 1909) como del Partido Comunista. Los adolescentes fueron condenados, y el Tribunal Supremo estatal ratificó la sentencia con el voto contrario del presidente, John C. Anderson, que sostenía que los acusados no habían recibido un juicio justo. A pesar de los dos intentos posteriores del Tribunal Supremo, los jóvenes afroamericanos nunca llegaron a ser absueltos.

El padre de Angela, B. Frank Davis, también miembro de la NAACP, estudió Historia en el St. Agustine College de Raleigh, en Carolina del Norte, y fue profesor durante un breve periodo de tiempo. Sin embargo, la precariedad salarial lo llevó a abandonar la docencia y a adquirir una gasolinera en el barrio negro del centro de Birmingham. En 1948, la familia se mudó a una pequeña vivienda fuera del barrio. Era la primera familia negra que se mudaba a aquella parte de la ciudad, lo que alarmó a los residentes blancos del barrio, que decidieron crear una suerte de frontera situada a cincuenta metros de la casa de los Davis. Atravesarla habría supuesto un desafío a la comunidad blanca, y habría legitimado una reacción violenta. Y eso fue exactamente lo que sucedió un año después, cuando la familia negra Deyabert decidió comprar una casa en la «zona blanca». Una explosión se la destruyó. No fue un caso aislado, sino un síntoma del clima de intolerancia y violencia que se respiraba en Birmingham.

No por casualidad, el barrio empezó a ser conocido como *Dynamite Hill.*

Durante un tiempo, la abuela paterna de Angela vivió con la familia. Provenía de un pequeño pueblo de Alabama, Linden, aunque vivió en California los últimos años de su vida. Había nacido después de 1865, pero sus padres aún habían sido esclavos. La narración de la experiencia de sus padres, junto a la de figuras y episodios legendarios de la historia de los afroamericanos como Harriet Tubman y el llamado *Underground Railroad* —el entramado de refugios y lugares seguros para facilitar la fuga de los esclavos hacia los estados libres de norte— hicieron mella, inevitablemente, en la imaginación de la niña Angela y, sobre todo, constituyeron una importante pieza formativa sobre la que, después, desarrolló su propio pensamiento político e historiográfico. En su *Autobiografía,* escribe:

> Aprendimos de ella lo que la esclavitud había supuesto [...]. Ella no quería que lo olvidáramos. Cuando en el colegio nos hablaron de Harriet Tubman y del *Underground Railroad,* la imagen que recordaba siempre era la de mi abuela [Davis 1974:82].

La infancia de Angela Davis estuvo marcada por el peso jurídico, social y político del régimen de segregación racial, fundado sobre un principio: «*Separate but equal*», ratificado por el Tribunal Supremo en 1896 con la sentencia Plessy contra Ferguson. Sin embargo, paradójicamente, la segregación, a pesar de suponer un espacio opresivo y marcado por la violencia, presentaba también ciertas fracturas en las que se entreveían resquicios de libertad y autonomía. Como cuenta en su *Autobiografía,* las escuelas para afroamericanos —como era el caso de la escuela Carrie A. Tuggle, a la que Davis había asistido—, pese a estar dirigidas por un consejo compuesto únicamente por blancos, a menudo estaban gestionadas por profesores afroamericanos. Esto hacía que los programas de estudios, además de incluir las grandes figuras de la historia estadounidense, incluyeran también personajes clave de la historia afroamericana, como Frederick Douglas, Sojourner Truth, Harriet Tubman o Nat Turner, el protagonista de una de las más famosas revueltas de esclavos en la década de 1830. De este modo, los niños y las niñas afroamericanos pudieron conocerlos y apreciarlos:

Sin duda, los niños que por derecho asistían a escuelas segregadas en el sur tenían ventaja sobre los que asistían a escuelas segregadas en el norte. Durante mis viajes de verano a Nueva York, descubrí que muchos de los niños negros de allí nunca habían oído hablar de Frederick Douglass ni de Harriet Tubman. En la Carrie A. Tuggle, la identidad negra nos venía impuesta por nuestras circunstancias opresivas. Fuimos empujados a un universo totalmente negro; nos vimos obligados a buscar dentro de nosotros mismos el alimento espiritual [*Ibidem,* p. 91].

Se activaba de este modo una transmisión de saber y de conocimientos que, como bien pudo experimentar Angela unos años después, era ajena a las escuelas integradas del norte, como las de Nueva York, adonde llegó siguiendo a su madre, que participaba en los cursos de verano de la Universidad de Nueva York para obtener una licenciatura en Pedagogía.

Sin embargo, la atmósfera diferente que se respiraba en la Gran Manzana, aparentemente alejada del clima opresivo de Birmingham, convenció a Angela, al final del tercer año de instituto, de que era necesario buscar una vía de escape. La alternativa se presentó entre un curso en la Universidad Fisk de Nashville, institución reservada a los afroamericanos donde habría podido estudiar Medicina, o un programa ofrecido por la American Friends Service Committee, organización cuáquera que otorgaba becas a estudiantes negros para acceder a escuelas integradas del norte. Aceptada por ambos programas, Angela se decidió finalmente por el instituto Elisabeth Irwin de Nueva York, aunque esto supusiera renunciar a su idea inicial de estudiar Medicina. La escuela se encontraba en Greenwich Village, emplazamiento histórico del radicalismo neoyorquino, donde una familia activa en los movimientos radicales y comunistas acogió a la joven. En 1959, a los quince años, emprendió un viaje formativo y político por Nueva York, ciudad que consideraba una especie de crisol de dos universos, donde la América blanca y la América negra podían encontrarse; una visión optimista que muy pronto iba a chocar con la realidad de las discriminaciones y de las múltiples formas de opresión que afectaban tanto al sur como al norte del país.

Fue en el Elizabeth Irwin donde Angela descubrió el comunismo, dentro del curso de Historia, y, como recordó más adelante, «todo un mundo nuevo se abrió ante mis ojos» [*Ibidem,* p. 109]. La lectura del *Manifiesto* de Marx y Engels le permitió encontrar la lente desde la que dar un significado a su experiencia en Birmingham, a la violencia que se respiraba en *Dynamite Hill* y a la pobreza de las familias negras.

Gracias a su encuentro con Bettina Aptheker, hija del histórico comunista Herbert Aptheker, y con el hijo de Eugene Denis, otro conocido líder comunista, Angela se acercó a la organización juvenil comunista Advance, que luchaba, sobre todo, contra la proliferación nuclear y a favor de los derechos civiles. No se trató de un encuentro inusual. A partir de los años treinta y cuarenta, y a pesar de la ola de represión fomentada por el senador McCarthy, las organizaciones comunistas fueron de los pocos lugares abiertos al diálogo con los activistas afroamericanos. No era casual que la familia de Angela hubiera prestado ayuda a algunos activistas comunistas blancos, obligados a esconderse o a vivir en la clandestinidad para evitar la represión macartista.

Terminados los estudios superiores, en 1962 Angela se matriculó en la Universidad Brandeis, en Massachusetts, donde fue alumna de Herbert Marcuse, que se había trasladado a los Estados Unidos en 1934 en el marco de la gran emigración intelectual que huía del nazismo. Marcuse definió a Angela como la mejor estudiante que había tenido en sus treinta años como profesor.

Eran años de gran agitación intelectual y política. Precisamente en 1962, en el campus universitario, Angela tuvo la oportunidad de escuchar al escritor afroamericano James Baldwin en un día de grandes movilizaciones e inquietud por las noticias que llegaban sobre la crisis de los misiles en Cuba. En aquella ocasión escuchó por primera vez a Marcuse, quien, con Baldwin y otros, exhortaba a los estudiantes a no dejarse avasallar por el miedo, y lanzaba un mensaje al Gobierno estadounidense para que no desencadenara una espiral de amenazas y represalias. También en Brandeis, un año después, Angela quedó fascinada por la conferencia de Malcolm X, el líder nacionalista negro que denunciaba el modo en el que se habían generado los mecanismos por los que los negros habían interiorizado una inferioridad racial, fundados sobre la legitimación social de la supremacía blanca. Fueron los años en los empezó a formarse el pensamiento de Angela Davis, centrándose en la relación entre discriminación de raza y discriminación de clase, lo que la diferenció del resto de perspectivas en torno al nacionalismo negro.

II. Era como si fuese dos personas, las dos caras de la cabeza de Jano

En el verano de 1963, Angela Davis, ya como activista de Advance, junto a su amiga del Irwin, Flo Mason, decidió participar en el VIII Festival Mundial de la Juventud Estudiantil organizado en Helsinki. Era otra forma, al igual que su decisión de trasladarse a Nueva York, de alejarse de un contexto que consideraba limitativo. Gracias a una beca que incluía unas prácticas en las oficinas del comité organizador de Nueva York, Angela voló hasta Europa: pasó por Londres, París, Lausana y Ginebra antes de llegar a Helsinki. En París conoció jóvenes de la diáspora colonial y postcolonial francesa —procedentes de Haití, Martinica, las Antillas, Argelia—, lo que le hizo tomar conciencia de que la situación de los afroamericanos debía ser incluida en un contexto internacional más amplio en el que la comparación entre primer y tercer mundo se mostrara en toda su complejidad.

En Helsinki, el festival parecía representar un internacionalismo bajo el signo de la «fraternidad», así como unas prácticas de intercambio y solidaridad transnacionales. Sin embargo, el festival fue también una expresión de la política de diplomacia cultural y propaganda que nutría el conflicto bipolar y la Guerra Fría. No fue casualidad que Angela y sus amigas, al regresar a Estados Unidos, fueran interrogadas por funcionarios del FBI que querían información sobre su experiencia en Europa.

De vuelta a Brandeis, Angela decidió graduarse en Literatura Francesa. Gracias a una beca del Hamilton College, cursó el tercer año en el país galo para profundizar sus estudios sobre el pensamiento existencialista francés. A pesar de su elección inicial, en el segundo año de estudios empezó a leer textos de filosofía; le había impactado especialmente la lectura de *Eros y civilización* (1955) de Herbert Marcuse, que por entonces daba clases en la Sorbona. El eco de las lecciones de Marcuse en Francia aún resonaba al año siguiente, cuando Angela llegó a París.

En una ciudad marcada por las consecuencias del conflicto argelino, Angela experimentó el alcance del racismo en el marco de las estructuras sociales y culturales francesas y, siguiendo la estela de Franz Fanon, empezó a reflexionar no solamente sobre el alcance del racismo internacional y del peso del colonialismo, sino también sobre las conexiones entre racismo y discriminación que se desplegaban tanto en el espacio colonial como en la sociedad americana. Los textos de Fanon —*Piel negra, máscaras blancas* (1952), *Los condenados de la tierra* (1961)— ponían de manifiesto los conceptos que reaparecieron más tarde en las reflexiones propuestas por el *Black Power* y el feminismo afroamericano: la construcción del sujeto colonial como «el otro» y la importancia de la apropiación de un lenguaje creado, en cambio, para someterlo a la privación; la posibilidad de que los sujetos oprimidos tomaran la palabra que, en un contexto colonial, les era tergiversada o negada. Por otra parte, las tesis de Fanon no podían no recordar las reflexiones propuestas por W. E. B. DuBois en Estados Unidos. En 1903, este intelectual afroamericano había publicado *Las almas del pueblo negro,* una obra en la que se preguntaba por lo que él definía como «doble consciencia», una sensación que cualquier afroamericano experimentaba alguna vez en su vida: observarse a sí mismo a través de los ojos de los demás y vivir una doble identidad, ser estadounidense y ser negro. Una duplicidad *(twoness)* que provoca tensiones y conflictos, porque no siempre las dos identidades pueden convivir en armonía. Esto era lo que Angela había vivido de pequeña en la segregada Birmingham, continuamente expuesta a la mirada de quienes la consideraban un sujeto peligroso, en conflicto con su identidad racial, su identidad de género y su identidad como ciudadana estadounidense.

La dificultad de vivir con esta duplicidad aparecía constantemente. En su *Autobiografía,* Angela Davis recuerda cuando, en noviembre de 1963, en París, recibió la noticia del dramático asesinato de John Fitzgerald Kennedy. La opinión pública francesa e internacional parecía consternada e impotente ante el trauma, pero Angela recuerda sentirse «fuera de lugar» por no poder compartir el dolor de los estadounidenses presentes en París que se habían reunido en la embajada para tratar de abrazarse simbólicamente en una especie de duelo colectivo. Para Davis, Kennedy era el presidente que avaló la operación de bahía de Cochinos contra el Gobierno y contra el pueblo cubanos que había conocido en Helsinki. Unas semanas antes, en Birmingham, el 16 de septiembre de 1963, conocidos racistas blancos colocaron una bomba en la iglesia baptista de la calle 16 que provocó la muerte de cuatro chicas afroamericanas, una de ellas amiga de Fania Davis, hermana de Angela. Esta se preguntaba si, al leer la noticia en el *International Herald Tribune,* la comunidad estadounidense en el extranjero habría expresado el mismo grado de dolor y de condolencias o si, por el contrario, el hecho simplemente había quedado minimizado como uno de tantos episodios de violencia que salpicaban la vida en el sur del país. Sin embargo, aquel episodio constituía el más claro símbolo de la sistemática violencia de la sociedad americana.

> Este acto no fue una aberración [...]. Al contrario, fue lógico, inevitable. Las personas que colocaron la bomba en el baño de las niñas en el sótano de la iglesia baptista de la calle 16 no eran psicópatas, sino productos normales de su entorno [...]. No importó cuántas veces lo dijera, las personas a mi alrededor eran simplemente incapaces de comprenderlo. No podían entender por qué toda la sociedad era culpable del asesinato, por qué su amado Kennedy también tenía culpa, por qué toda la clase dirigente del país, al ser culpable de racismo, también lo era de este asesinato [*Ibidem,* pp. 130-131].

En París, la doble conciencia se dejó sentir también con ocasión de la celebración del Fin de Año vietnamita. Angela participó en esta ceremonia típica de Vietnam del Norte, que se celebró en un estadio situado en un barrio obrero de París. La fiesta, los bailes y las representaciones teatrales se intercalaban con intervenciones, unas satíricas y otras no, contra el Gobierno y los soldados estadounidenses. De nuevo tuvo la sensación de estar perdida y herida por dentro, aunque la angustia desapareció al poco tiempo, cuando el recrudecimiento militar en Vietnam a partir de 1964 condujo a Angela a participar activamente en las manifestaciones contra la guerra que salpicaron las ciudades estadounidenses.

La experiencia parisina representó, en el pensamiento de Angela Davis, el inicio de un recorrido transnacional similar al de otros intelectuales afroamericanos y que representaba, fuese ella consciente o no, un elemento significativo del activismo afroamericano en general. Basta pensar, por ejemplo, en figuras como Anna Julia Cooper, primera mujer afroamericana que obtuvo un doctorado en la Sorbona (en 1924) y autora de la obra *A Voice from the South*. O también en los procesos de construcción de las identidades transnacionales que detectaban formas de conexión y solidaridad entre las afroamericanas y las mujeres caribeñas y africanas, como quedó de manifiesto en el siglo XIX con ocasión de la Exposición Mundial Colombina que se celebró en Chicago en 1893. En el marco de este evento, que debía celebrar el poder americano, se había desarrollado el World's Congress of Representative Women con la presencia de unas seiscientas delegadas procedentes de veintisiete países que asistieron en representación de ciento veintiséis organizaciones femeninas. Las mujeres afroamericanas presentes en la Exposición Mundial de 1893 estrecharon lazos transnacionales y panafricanos, lo que propició la creación de la International Association of Colored Women en 1906 y, más adelante, dio origen al International Council of Women of the Darker Races, en 1922.

De regresó a Brandeis, Angela decidió asistir a las clases de Marcuse sobre el pensamiento político europeo desde la Revolución francesa hasta el siglo XX, aunque oficialmente no podía hacerlo debido a los requisitos curriculares previstos por su licenciatura en Literatura Francesa. Cuando Angela le confesó que le gustaría especializarse en filosofía después de graduarse, Marcuse le proporcionó un programa de estudios, empezando por las obras de los presocráticos, que incluía la participación semanal en discusiones sobre las diferentes lecturas indicadas. Su amor por la filosofía creció cada vez más, hasta tal punto que la llevó a solicitar una beca para continuar los estudios en Frankfurt. Se trataba, como Marcuse le había dicho, del mejor lugar donde estudiar filosofía y profundizar en Kant, Hegel y Marx.

Se graduó con la máxima calificación, *magna cum laude,* con una tesis sobre la concepción fenomenológica en las novelas de Alain Robbe-Grillet. Fue entonces cuando Davis se mudó a Frankfurt, al Institut für Sozialforschung, para poner en marcha un proyecto de doctorado, bajo la supervisión de Theodor Adorno, relacionado con la reflexión de Kant sobre la violencia durante la Revolución francesa.

Las primeras semanas en Alemania no fueron fáciles porque le resultaba difícil manejarse con el idioma y, por tanto, seguir las lecciones de Adorno. Como después recordó Angela, el filósofo hablaba un alemán peculiar, plagado de aforismos, difícil de entender incluso para los estudiantes autóctonos. El primer año obtuvo una beca ofrecida por un programa de intercambio cultural que le permitió ir a Berlín y, sobre todo, visitar la parte oriental de la ciudad. De nuevo, las lógicas de la Guerra Fría condicionaron su libertad de movimiento. Al regresar a la zona occidental, la retuvieron en el aeropuerto antes de que pudiera coger el vuelo a Frankfurt, acusándola de no haber cumplido con la obligación de notificar sus movimientos.

La experiencia en Frankfurt fue aún más intensa desde el punto de vista académico gracias a los seminarios de Adorno, Habermas y Karl Heinz Haag, entre otros, que le permitieron profundizar en el análisis de las obras de Kant, Hegel y Marx. Pero también fue intensa desde el punto de vista de su formación política. Muchos de los estudiantes con los que se relacionaba eran miembros de la Liga de los Estudiantes Socialistas Alemanes (Sozialistischer Deutscher Studentenbund, SDS), comprometidos con las luchas sociales y las manifestaciones contra el recrudecimiento de la guerra en Vietnam y aquello que denominaban «imperialismo americano».

Sin embargo, la eclosión de movimientos de protesta y el levantamiento de la comunidad afroamericana en Estados Unidos, precisamente durante los años en los que Angela estaba en Europa —la revuelta de Watts en 1965, el surgimiento de nuevas formas de activismo radical bajo el nombre del *Black Power*—, no podían dejarla indiferente. De nuevo tuvo que reconciliarse con ese sentimiento que la acompañaba desde que era una niña:

> Sentía una tensión casi insoportable, era como si fuese dos personas, las dos caras de la cabeza de Jano. Un perfil miraba desconsolado al pasado: un pasado inquietante, violento y limitador, roto solo ocasionalmente por manchas cargadas de significado y por el amor que sentía por mi familia. El otro [perfil] miraba con anhelo y aprensión el futuro: un futuro lleno de desafíos que brillaba, pero que también albergaba la posibilidad de una derrota [*Ibidem*, p. 106].

Angela se ve de nuevo ante una doble encrucijada, una entre el pasado o el futuro y otra que la enfrentaba a un país que ya no sentía suyo:

Mientras yo estaba refugiada en la Alemania Occidental, el Movimiento de Liberación Negra atravesaba metamorfosis decisivas [...]. Cuanto más se aceleraban las luchas en casa, más frustrada me sentía al verme obligada a experimentarlo todo indirectamente. Avanzaba en mis estudios, profundizaba en mi comprensión de la filosofía, pero me sentía cada vez más aislada [...].Intentaba mantener un equilibrio complejo, y cada vez me resultaba más difícil sentirme parte de la toma de conciencia colectiva de mi pueblo [*Ibidem,* pp. 144-145].

Aunque Adorno había aceptado dirigirle la tesis doctoral, Davis sentía que debía regresar a Estados Unidos, no podía no participar en aquella eclosión que experimentaba la sociedad de su país. Contó con el apoyo de Marcuse, que se trasladó a la Universidad de California en San Diego, y aceptó supervisarla en su trabajo de investigación. En verano de 1967 volvió a Estados Unidos, no sin antes pasar por Londres, donde se celebraba un congreso que contaba entre los ponentes con Marcuse y con Stokely Carmichael, líder afroamericano y principal referente del movimiento *Black Power.*

III. La lucha fue un nervio vital, nuestra única esperanza de supervivencia

California era en aquellos años un laboratorio de activismo y conflicto político. Aún resonaba con fuerza el eco del movimiento por la libertad de expresión que había estallado en Berkeley en 1964 y que se había opuesto al autoritarismo, al conformismo y a la jerarquía presentes en la sociedad y en las instituciones estadounidenses (incluida la universitaria). Había una rabia latente entre la comunidad afroamericana, que no podía sino aumentar hasta explotar de manera dramática en 1965 con el incendio del gueto de Watts, en Los Ángeles. Al mismo tiempo, el estado se preparaba para convertirse en una de las incubadoras del conservadurismo moderno, como demostró claramente la elección de Ronald Reagan como gobernador en 1966. Con su discurso *«A time to choose»,* pronunciado en 1964 para apoyar la candidatura del republicano Barry Goldwater, Reagan se había afianzado como el líder que mejor interpretaba el sentir más profundo de los grupos conservadores, que miraban con preocupación las transformaciones provocadas por las políticas demócratas y el impacto de los movimientos de la Nueva Izquierda.

Angela Davis se sumergió en este ambiente caldeado. Marcuse había aceptado supervisarle la tesis doctoral en San Diego, pero para ella no era suficiente: «Quería continuar mi trabajo académico, pero sabía que no podía hacerlo a menos que estuviera comprometida políticamente. La lucha fue un nervio vital, nuestra única esperanza de supervivencia» [*Ibidem*, p. 145].

Angela se acercó a los movimientos *Black Power*, primero al Comité Coordinador Estudiantil No Violento (SNCC), y después al Partido Político Pantera Negra (BPPP), una organización distinta del Partido Pantera Negra para la Autodefensa que había sido creado el año anterior por Huey Newton y Bobby Seale. El término *«Black Power»* fue acuñado en junio de 1966 por Stokely Carmichael, líder del SNCC y responsable de la decisión de expulsar, ese mismo año, a los miembros blancos de la asociación. También en 1966, James Meredith, el estudiante que ganó el juicio para que ser admitido en la Universidad de Mississippi en 1962 y que provocó un amargo conflicto entre el gobernador del estado,

Barnett, y el presidente Kennedy, resultó herido durante una manifestación que él mismo había organizado —la *March Against Fear* [Marcha Contra el Miedo] desde Memphis, Tennessee, hasta Jackson, Mississippi— para celebrar la victoria obtenida el año anterior, en 1965, con la aprobación de la Ley de Derecho al Voto. La manifestación debía demostrar la integración racial que se había producido; los afroamericanos ya no tendrían que volver a temer represalias y violencia. Meredith, sin embargo, resultó herido de bala por el disparo de un racista del sur. A muchos les pareció evidente que la realidad seguía siendo otra, el gesto era una expresión clara de la impermeabilidad de un sistema cultural y político que había interiorizado el principio de supremacía blanca. Para Carmichael y los demás activistas radicales fue, sobre todo, una prueba de que la lucha integracionista llevada a cabo por el movimiento de derechos civiles y por Martin Luther King era una batalla perdida, como ya había subrayado el líder nacionalista Malcolm X, asesinado en 1965.

La expresión «*Black Power*» pretendía por tanto subrayar la fractura simbólica en la contradicción de la raza como factor irremediable que había caracterizado el desarrollo de la democracia estadounidense. No se trataba, por tanto, de una petición de inclusión, sino de la necesidad de replantear el pacto político a partir del reconocimiento de una subjetividad negra que reivindicaba su propia alteridad respecto a la sociedad blanca, y que cuestionaba la idea de un espacio político homogéneo y fluido, marcado por una visión progresista de la historia, para resaltar las contradicciones y las fracturas que debían identificarse y reconocerse a fin de superarlas. El lema utilizado por el Partido Pantera Negra, «organizaos en torno a vuestra propia opresión», hacía referencia a la necesidad de no rechazar el lenguaje de los derechos o de la igualdad, sino de situar estos principios y objetivos dentro de la materialidad de las relaciones de poder, en la concreción de la realidad de sujetos que vivían una condición similar a la de los súbditos coloniales.

Davis entró en este debate que se había abierto dentro de la comunidad afroamericana. Sin embargo, en cuanto a su pertenencia al BPPP, hablaba de un «estatus permanentemente ambiguo» que oscilaba entre ser «militante» y sentirse una «compañera de viaje». No estaba convencida de la validez de una ideología nacionalista afroamericana que construía un concepto de «raza» desligado de consideraciones de clase, etnia y género, y que perdía de vista la posibilidad de identificar formas de solidaridad con las luchas de otros grupos oprimidos. Además, observaba con creciente preocupación la introyección de conceptos patriarcales que legitimaban el sexismo presente en las organizaciones del *Black Power*. De hecho, como recordó en repetidas ocasiones, no pudo evitar sentir un cierto malestar ante la persistencia de ciertas formas de machismo presentes en el seno del bppp que llevaron a algunos dirigentes a criticar a Angela y a otras activistas por haber asumido un papel de liderazgo que, en su opinión, no correspondía a las mujeres.

La consolidación de su enfoque crítico hacia algunas derivas del nacionalismo afroamericano fue también fruto de la experiencia europea, que la había puesto en contacto con la nueva izquierda marxista y la había hecho consciente de la necesidad de emprender una acción más general, algo que solo un análisis comunista podría ofrecer. Si su adhesión al Partido Pantera Negra duró solo un par de años, su afiliación al Partido Comunista, del que fue miembro durante unos veinte, resultó ser mucho más larga y menos problemática. En cierto modo, su adhesión al Partido Comunista, que recordaba la elección que hizo Du Bois en los últimos años de su vida, fue, por un lado, consecuencia de su interés por el marxismo, pero, por otro, estaba relacionada con la convicción de que la liberación de los afroamericanos no era posible a menos que se llevara a cabo dentro de un movimiento internacional antiimperialista y anticapitalista. Una certeza que reafirmó tras sus numerosos viajes a Cuba, el primero de los cuales tuvo lugar en 1969.

Así, en 1968, Angela se unió a la célula Che-Lumumba del Partido Comunista, aunque aún seguía afiliada también al BPPP. El origen de esta elección, que la llevó a un compromiso con el Partido que duró hasta 1991 —hasta el punto de ser candidata a la vicepresidencia en las elecciones de 1980 y 1984— estaba, por un lado, en el sexismo presente en organizaciones como el SNCC o el BPPP, y por otro, en la necesidad de ser parte de una organización que se comprometiera a luchar contra la discriminación de clase además de contra la discriminación de género y de raza. Unirse al Partido Comunista fue su respuesta a los problemas que veía dentro de un movimiento nacionalista demasiado ligado a la necesidad de valorar el pasado africano y a lo que definía como una «estética negra», aplastada por un enfoque culturalista de los problemas raciales. En su opinión, cierto tipo de nacionalismo afroamericano construyó un concepto de «raza» como categoría esencialista, desligada de consideraciones de clase, género o etnia. De esta manera no era posible captar las conexiones entre los negros oprimidos y otros grupos étnicos marginados, ni los procesos de explotación que afectaban a los trabajadores blancos, ni las formas más o menos explícitas de sexismo y omnipresencia del sistema patriarcal.

Incluso en los discursos que pronunciaba en las manifestaciones contra la guerra de Vietnam, Angela Davis subrayaba la necesidad de vincular la lucha a combatir el imperialismo, el capitalismo y el racismo. Para ser eficaz, el movimiento antibelicista debía estrechar los vínculos entre las luchas de los negros y las minorías y las luchas de los trabajadores blancos explotados para no quedar reducido a algo monotemático. La necesidad de un enfoque interseccional, una vez más, surgió de la práctica política antes de reflejarse en un enfoque teórico.

IV. Liberad a Angela

En 1969, Davis obtuvo un máster en Filosofía, completando así los requisitos para obtener el doctorado tras presentar la tesis. Ese mismo año, el departamento de Filosofía de la Universidad de California en Los Ángeles (UCLA) le ofreció un puesto de profesora, con un contrato temporal y la posibilidad de renovarlo por un segundo año. En un departamento en el que predominaban los filósofos analíticos, Davis podría ofrecer cursos sobre existencialismo y corrientes filosóficas europeo-continentales. Además, su presencia habría supuesto una declaración de intenciones sobre la voluntad del departamento de ser más inclusivo desde el punto de vista de la raza, el género y la etnia. Sin embargo, en julio de ese año, primero en el periódico estudiantil de la UCLA y luego en el *San Francisco Examiner,* se publicó un artículo en el que se denunciaba a Angela Davis como «notoria maoísta» y miembro de los Panteras Negras.

Se abrió un expediente a la administración universitaria porque se consideró que el nombramiento contradecía una norma, adoptada en 1949, según la cual no estaba permitido emplear a miembros o simpatizantes del Partido Comunista. Se trataba de un reglamento fruto del clima de caza de brujas que había caracterizado los primeros años de la Guerra Fría. De hecho, el macartismo había encontrado un terreno fértil en California gracias a políticos como Richard Nixon y Ronald Reagan, que habían construido sus carreras sirviéndose del anticomunismo y la represión macartista como herramienta política privilegiada. Sin embargo, el reglamento seguía en vigor y, por tanto y en virtud del mismo, la activista y académica afroamericana fue despedida.

Davis se opuso a la medida y envió al órgano de gobierno de la universidad un escrito de defensa en el que impugnaba la decisión de despedirla. Por un lado, no ocultó su pertenencia al Partido Comunista, pero, por otro, negó categóricamente que su compromiso político pudiera menoscabar su integridad como profesora e investigadora. Se inició entonces una polémica que presentaba diferentes matices y en la que participaron diversos actores. En el centro estaba tanto la cuestión de la libertad de cátedra como, por otra parte, la defensa de la autonomía del departamento universitario en materia de opciones pedagógicas y de investigación, incluida la relativa a la contratación de profesores. En realidad, el enfrentamiento nacía de un conflicto interno en el departamento de Filosofía entre los que querían mantener la hegemonía de los filósofos analíticos y los que deseaban un mayor pluralismo, nuevos enfoques metodológicos y disciplinares. El caso, además, se enmarcaba en un contexto general caracterizado por la creciente tensión entre la universidad pública y el gobierno republicano y conservador del estado (algunos de cuyos miembros formaban parte también de la junta rectora de la universidad), precisamente en relación con el margen de autonomía concedido a la institución en materia de enseñanza e investigación. Por otra parte, la Universidad de California había sido el escenario de la explosión del movimiento por la libertad de expresión en 1964 y había atraído a profesores, Marcuse entre ellos, que deseaban entablar un diálogo político y cultural con aquellos activistas que ponían de manifiesto las contradicciones de la democracia estadounidense y las profundas raíces de las formas de opresión y discriminación desde una perspectiva étnico-racial y de género.

La posición de Angela Davis, sin embargo, fue especialmente controvertida, no solo por su compromiso con el Partido Comunista, sino también por sus actividades en favor de la liberación de los activistas afroamericanos vinculados al movimiento *Black Power* o a los Panteras Negras, encarcelados en virtud de las políticas de ley y orden aplicadas por la administración Nixon, que se utilizaban también para reprimir la oposición política. Concretamente, Angela formó parte del comité organizado para liberar a los llamados «hermanos Soledad», tres activistas que habían sido acusados injustamente de la muerte de un guardia en la prisión de Soledad en enero de 1970. En las reuniones para su defensa, Angela entabló una gran amistad con uno de los activistas más notorios, George Jackson, que fue asesinado en 1971 durante una supuesta fuga de la prisión de San Quintín, algo que para algunos fue una ejecución política. Se trataba, además, de una confrontación dialéctica que puso de manifiesto las diferentes formas de opresión de género presentes en el movimiento del nacionalismo negro, la introyección de estereotipos raciales y de género que pretendían restar importancia al papel de las mujeres afroamericanas. Todas estas cuestiones reaparecieron en la posterior reflexión política e historiográfica de Angela Davis. Sin embargo, su militancia en el comité de defensa la había convertido en blanco predilecto de la prensa conservadora y de los grupos racistas, hasta el punto de recibir constantes amenazas de muerte. Para evitar que la asesinaran, algunos militantes decidieron convertirse en sus guardaespaldas; entre ellos, uno de los hermanos menores de George Jackson, Jonathan, implicado en el sangriento incidente que condujo a la detención de Davis.

Durante una vista del juicio contra unos activistas negros, Jonathan Jackson introdujo armas en la sala del juicio y tomó como rehenes al juez, al fiscal y a algunos miembros del jurado. En el tiroteo que siguió murieron un juez y dos presos, y otros resultaron heridos. Davis no estaba presente, pero las armas estaban registradas a su nombre. Por ello fue acusada de complicidad. Decidió esconderse, pero el FBI la capturó al cabo de dos meses, en octubre de 1970, en Nueva York. En enero de 1971 comenzó el juicio, que se convirtió en un caso internacional. El proceso fue el origen de un enorme movimiento nacional y transnacional bajo el lema «Liberad a Angela». Se organizaron manifestaciones con miles de personas en todo el mundo, desde Sídney hasta Ceilán, pasando por las principales ciudades europeas. Todo el equipo de la película *Z,* de Costa-Gavras, incluidos Yves Montand, Simone Signoret y el autor de la banda sonora, Mikis Theodorakis, envió un telegrama para pedir la liberación de Davis. Miles de mensajes llegaron de la RDA y otros países del bloque soviético. En Estados Unidos se movilizaron artistas de la talla de Aretha Franklin, quien se mostró dispuesta a pagar la fianza. En abril de 1972, el National United Committee to Free Angela Davis publicó su alegato de defensa en un panfleto titulado *Frame-Up,* en el que argumentaba que Davis estaba siendo juzgada por su liderazgo y activismo en favor de los presos políticos.

La experiencia carcelaria marcó profundamente a Angela Davis, sobre todo desde el punto de vista académico y filosófico, que la llevó a centrarse aún más en el enfoque interseccional que distinguía sus investigaciones, y a seguir abordando la cuestión de las prisiones como forma de disciplinamiento político y social, un tema que constituye uno de los ámbitos de reflexión y activismo que perdura hasta nuestros días. Recluida primero en régimen de aislamiento en la cárcel del condado de Marin, en California, y trasladada después a la de San José, Davis tuvo que enfrentarse a los prejuicios racistas del personal, a la violencia más o menos formalizada, a las prácticas deshumanizadoras, pero también a las insólitas formas de solidaridad que podían surgir. Desde el comité de defensa contó con la ayuda de activistas y militantes conocidos tanto en Nueva York como en California. Entre ellos, desempeñó un papel importante Bettina Aptheker, con la que había entablado amistad ya en los años de instituto en Nueva York. Durante una conversación, Bettina le informó de que la sección británica del comité de defensa quería publicar una colección de ensayos sobre su liberación. Angela pensó que el libro podía ser una oportunidad para exponer algo más amplio que solamente su caso. Es decir, debía abarcar todos aquellos casos que pudieran considerarse de presos políticos, víctimas del racismo o de montajes judiciales, o condenados a penas que no guardaban proporción con la gravedad de los delitos cometidos. Dicho de otro modo, el libro pretendía ser una herramienta de movilización. Se publicó con el título *If They Come in the Morning* en 1971. En febrero de 1972, durante la creciente ola de la campaña por la liberación, Angela Davis obtuvo la libertad provisional bajo fianza. El 4 de junio de 1972, el veredicto del jurado la absolvió de todos los cargos. Terminaba así el proceso judicial, pero no la relación de Davis con el mundo penitenciario.

V. Racismo y sexismo a menudo coinciden

Una de las contribuciones más relevantes de la reflexión política e historiográfica de Angela Davis fue poner en evidencia las prácticas políticas y las posiciones teóricas de un feminismo negro que debía visibilizar la presencia simultánea de los ejes de poder basados en la raza, la clase y el género. Su volumen *Women, Race & Class,* publicado en 1981, fue uno de los primeros estudios en los que se problematizó la historia del feminismo y se cuestionó el enfoque que la convertía en una especie de historia única. El objetivo era dar sentido a las experiencias y vivencias de las mujeres de todo el mundo en torno al problema de la subordinación femenina. Se trataba de una visión lineal y uniformadora que no tenía en cuenta las jerarquías y diferencias étnicas y raciales, ni las diferentes posiciones que obligaban a captar las distintas articulaciones de las relaciones de poder, tanto entre hombres y mujeres como entre las propias mujeres.

Su referencia a Jano como expresión de identidades desgarradas —que recordaba al concepto de la doble conciencia— imponía una definición más compleja de las mujeres como sujetos coloniales que había surgido en 1964 con el llamado Documento de Posición n.º 24 *(Women in the movement)*. Presentado, como era de esperar, de forma anónima en la conferencia del SNCC en Waveland, el Documento se le atribuyó inicialmente a la activista afroamericana Ruby Doris Smith Robinson. Posteriormente se le atribuyó a Casey Hayden y Mary King, que lo habían escrito y discutido con otra activista, Mary Varela. La elección de la autoría anónima revelaba lo difícil que era denunciar el sexismo presente en el movimiento, revirtiendo sobre la facción masculina de este las mismas acusaciones que se formulaban contra el racismo y el autoritarismo presentes en la sociedad estadounidense. El documento citaba la opresión de los negros como punto de referencia para denunciar la situación igualmente oprimida de las mujeres, cuya posición —denunciaban— se asemejaba a la de un negro empleado por una empresa con un contrato simbólico. La evidencia de la flagrante discriminación sexual y la idea de una superioridad masculina «natural» evocaban los prejuicios sobre la supuesta e igualmente «natural» concepción de la supremacía blanca sobre los afroamericanos. Incluso el objetivo de la liberación sexual, más que una búsqueda de la autodeterminación por parte de las mujeres, se entendía como la satisfacción de un deseo masculino. A menudo, las mujeres se veían obligadas a aceptar el chantaje sexual para demostrar su lealtad o para ser «liberadas». Por tanto, el documento denunciaba la hipocresía inherente a los grupos que querían redescubrir una nueva «comunidad amada», expresión de una búsqueda de autenticidad y creatividad individual y colectiva que rompiera las barreras jerárquicas y conformistas de la sociedad estadounidense, pero que no parecía capaz de reconocer y resolver la fractura primaria —esa «grieta en la raíz», en palabras de Adrienne Rich— que representaba la relación de dominación hombre-mujer.

Angela Davis comprobó lo que las mujeres del SNCC ya habían denunciado en 1964: que la discriminación y el sexismo también estaban presentes en el seno de los movimientos nacionalistas negros. En su correspondencia con George Jackson, denunció el machismo presente en el movimiento y lo tachaba de incompatible con las prácticas de liberación. Para Davis, Jackson y los demás líderes nacionalistas habían interiorizado, paradójicamente, la representación de la mujer negra como matriarca dominante, castrando a las mujeres que suponían una amenaza para el reconocimiento de la masculinidad afroamericana en la sociedad blanca. Como argumentaba la académica y activista afroamericana, se había desarrollado un complejo peligroso e incomprendido que confundía el activismo político con la afirmación de la masculinidad, lo que producía una idea de masculinidad negra que se consideraba separada y antagónica a la feminidad negra. Paradójicamente, estas posturas no quedaban lejos de las que, en 1965, había propuesto Daniel Moynihan, científico social, senador demócrata durante muchos años y exponente del neoconservadurismo estadounidense, en *The Negro Family: A Case for National Action*. Moynihan había definido la familia negra como una «maraña de patologías» basada en un matriarcado negro de origen esclavista que explicaba el papel dominante de la mujer, pero también la ausencia de un principio de autoridad y de orden que provocaban la degradación familiar y comunitaria.

Davis anticipó sus reflexiones sobre el papel de la mujer negra, el legado de la esclavitud y las raíces del mito del matriarcado negro en un artículo de 1972, «Reflections on the Black Woman's Role in the Community of Slaves» («Reflexiones sobre el papel de la mujer negra en la comunidad de esclavos»); con respecto a la última cuestión, que tanto peso tuvo en los movimientos del *Black Power,* Davis escribió:

> Un retrato preciso de la mujer africana sometida a esclavitud debe desacreditar el mito del matriarcado. La opresión la sufrió la mujer africana sometida a esclavitud. Tal retrato debe iluminar la matriz histórica de su opresión y sus variadas, a menudo heroicas, respuestas a la dominación de los esclavistas. Bajo la noción de «matriarca negra» subyace una acusación tácita de que nuestras antepasadas femeninas consintieron activamente la esclavitud. El famoso cliché de la «mujer castrante» tiene sus raíces en la falsa creencia de que, al desempeñar un papel central en la «familia» esclava, la mujer negra se relacionaba con la clase esclavista como colaboradora. Nada más lejos de la realidad. En el sentido más estricto, el sistema esclavista no podía generar ni reconocer una estructura familiar matriarcal. Inherente al concepto mismo de matriarcado está el «poder» [Davis 1972:82].

En un libro de 1981, Davis retomó la cuestión de manera más articulada, desmontando esta idea y el uso de estereotipos fruto de una reconstrucción distorsionada de la situación de las mujeres afroamericanas en el contexto de la esclavitud y después de su emancipación. Era necesario remitirse al origen de la herida y de la fractura, a aquel pasado esclavista, para reconstruir y poner de manifiesto la subjetividad de las mujeres esclavas:

> A medida que pasaban las décadas y el debate se recrudecía, los historiadores, uno tras otro, afirmaban haber descifrado el verdadero significado de la «peculiar institución». Pero en medio de toda esta actividad erudita, no se profundizó en la situación especial de la mujer esclava. Las incesantes discusiones sobre su «promiscuidad sexual» o sobre sus inclinaciones «matriarcales» oscurecieron, mucho más de lo que iluminaron, la condición de la mujer negra durante la esclavitud [Davis 1981:8].

Esperaba, por tanto, que las historiadoras y los historiadores comenzaran finalmente a indagar en el pasado esclavista, no solo para disipar las incógnitas que rodeaban la realidad de las experiencias de las mujeres esclavas, sino también —y sobre todo— porque el examen de ese pasado desempeñaría un papel crucial en el análisis de las batallas contemporáneas por la emancipación de las mujeres y los hombres afroamericanos.

En su trabajo para revelar esas dinámicas del pasado, Davis pone de manifiesto los dolorosos procesos de construcción de las identidades femeninas y masculinas afroamericanas que habían quedado marcados por la esclavitud, no solo como experiencias de dominación, sino también como lugares de manifestación de identidades resistentes. Fue de las primeras, de hecho, que destacó las diversas formas de resistencia y las estrategias de supervivencia que permitían rechazar el paradigma de la mujer afroamericana como víctima de un sistema de opresión para dar cuenta de los espacios de libertad y subjetividad conquistados, así como de las formas inéditas de igualdad entre mujeres y hombres que, paradójicamente, tomaron forma incluso dentro de un sistema opresivo e inhumano:

> Si las mujeres negras soportaron la terrible carga de la igualdad en la opresión […] también afirmaron su igualdad agresivamente al desafiar la inhumana institución de la esclavitud. Resistieron las agresiones sexuales de los hombres blancos, defendieron a sus familias y participaron en huelgas y revueltas […]. Considerando los numerosos relatos de la violenta represión que los capataces infligían a las mujeres, debe deducirse que la que aceptaba pasivamente su suerte de esclava era la excepción y no la regla [*Ibidem,* p. 16].

La categoría del género permite a Davis, además, poner de relieve las características de la esclavitud como un sistema económico complejo que induce a redefinir las conexiones entre producción-reproducción y público-privado. Dentro del sistema esclavista, el trabajo doméstico asumía una especificidad propia y no constituía un ámbito solo femenino:

Los esclavos varones desempeñaban importantes responsabilidades domésticas y no eran, por tanto —como diría Kenneth Stampp—, meros ayudantes de sus mujeres. Mientras las mujeres cocinaban y cosían, por ejemplo, los hombres se ocupaban del huerto y de la caza (ñames, maíz y otras verduras; animales salvajes, como conejos y zarigüeyas, eran siempre un delicioso añadido a las monótonas raciones diarias). Esta división sexual del trabajo doméstico no parece haber sido jerárquica: las tareas de los hombres ciertamente no eran superiores y difícilmente inferiores al trabajo realizado por las mujeres. Ambos eran igualmente necesarios. Además, según todos los indicios, la división del trabajo entre los sexos no siempre era tan rigurosa, ya que los hombres a veces trabajaban en la cabaña y las mujeres podían ocuparse del huerto y a veces incluso participar en la caza [*Ibidem*, p. 15].

Si bien la ideología de las élites del siglo XIX exaltaba la maternidad y su función política y social, tanto como para convertirse en una especie de llave maestra para la reclamación de libertad y subjetividad de las mujeres blancas y la legitimación de su papel en la esfera pública, no se aplicaba de igual modo a las mujeres esclavas. La maternidad les era negada, ya que se las consideraba meras reproductoras de mano de obra esclavizada. La violencia y la coerción sexual constituían la norma en la experiencia de las mujeres esclavizadas, una forma de disciplina funcional a la explotación económica de la mano de obra. Como reproductoras y trabajadoras, sin embargo, la posición de las mujeres esclavizadas era comparable a la de los hombres esclavizados:

La cuestión principal que se desprende de la vida doméstica en los barrios de esclavos es la igualdad sexual. El trabajo que los esclavos realizaban por su propio bien y no para el engrandecimiento de sus amos se llevaba a cabo en términos de igualdad. Así pues, dentro de los límites de la vida familiar y comunitaria, los negros lograron una magnífica hazaña. Transformaron esa igualdad negativa que derivaba de la opresión que sufrían como esclavos en una cualidad positiva: el igualitarismo que caracterizaba sus relaciones sociales [*Ibidem*, p. 16].

Y de nuevo:

Las mujeres negras eran iguales a sus hombres en la opresión que sufrían; eran las semejantes sociales de sus hombres dentro de la comunidad esclava, y se resistieron a la esclavitud con una pasión igual a la de sus hombres. Esta fue una de las mayores ironías del sistema esclavista, ya que, al someter a las mujeres a la explotación más despiadada concebible, una explotación que no conocía distinciones de sexo, se crearon las bases no solo para que las mujeres negras afirmaran su igualdad a través de sus relaciones sociales, sino también para que la expresaran a través de sus actos de resistencia [*Ibidem,* pp. 19-20].

Según Davis, no podía concebirse un contexto de supremacía masculina entre los esclavos, porque esto habría roto la cadena de mando. Además, como trabajadoras y como instrumentos útiles al lucro, no se podía colocar a las mujeres bajo el paraguas protector del hombre negro como sostén de la familia, porque todos —mujeres, hombres, niños— eran funcionales a la lógica de provecho que los amos podían extraer de los esclavos.

Davis destacó entonces el modo en que las lógicas y las estructuras de poder coloniales presentes en Estados Unidos durante el siglo XIX habían configurado la imagen de la mujer negra promiscua como imagen especular del hombre negro violador en potencia. Desde este punto de vista, Davis se hacía eco de las reflexiones que ya a finales del siglo XIX avanzó una de las figuras más significativas del activismo femenino afroamericano, Ida B. Wells-Barnett, que no solo había denunciado la lacra de los linchamientos, sino que había revelado las ideas de género plasmadas en el inconsciente colectivo que infundían temor y que marcaban las relaciones entre blancos y negros, especialmente en los estados del sur. En *Southern Horrors* (1892) y *A Red Record* (1895), Wells denunció que la práctica del linchamiento era una especie de asesinato a sangre fría, a menudo por razones de competencia económica o como forma de disciplina social, legitimada por la construcción del mito del negro violador, que hundía sus raíces en el periodo esclavista. Un mito, según Davis, que se había renovado constantemente en el debate público y político estadounidense, cuyas ramificaciones también podían encontrarse en los textos del nuevo feminismo, como en el caso de *Against Our Will: Men, Women and Rape* (1975), de Susan Brownmiller. Esta autora utilizaba patrones y analogías consolidadas para una representación del hombre negro como inherentemente propenso a la violación. Incluso el lenguaje utilizado por líderes nacionalistas como Eldridge Cleaver, uno de los exponentes más destacados del Partido Pantera Negra, que había definido la violación como un acto insurreccional contra la sociedad blanca, parecía ofrecer argumentos a favor de la tesis de Brownmiller. Desde esta perspectiva, Davis introdujo otra cuestión: apuntaba a la trama raza-sexo como otro campo de tensión dentro de los movimientos feministas.

En efecto, desde el siglo XIX, las mujeres afroamericanas habían denunciado las construcciones y representaciones culturales que remitían a lógicas coloniales e imperiales, cuestionando también la responsabilidad de las mujeres blancas, empezando por la famosa exclamación de la exesclava y predicadora negra Sojouner Truth con ocasión de la conferencia de Rochester de 1850 sobre los derechos de la mujer. En su discurso, Truth, que desafiaba a los hombres que cuestionaban las reivindicaciones de las mujeres apelando a argumentos como la fragilidad o la necesidad de protección, declaró que ella había trabajado en el campo, recogido algodón, movido fardos de heno a la par que los hombres, y «¿no soy una mujer?». Sin embargo, aquella declaración interpeló incluso a las mujeres blancas, atrapadas entre la reivindicación de los derechos y la libertad de las mujeres y la adhesión a la idea de la superioridad de la civilización anglosajona y protestante. Como argumentaba Davis, Sojourner Truth era el testimonio de que no todas las mujeres eran blancas y de clase media, y constituía el ejemplo más claro del deseo de las mujeres negras de reivindicar sus derechos. De este modo, quedaba claro que la reivindicación de la feminidad y de la subjetividad a la que apelaban las primeras feministas revelaba cómo los mecanismos de opresión actuaban de forma diferente sobre las mujeres negras y las blancas.

Refiriéndose a la convención de Seneca Falls, Davis denunció la falta de atención a las mujeres trabajadoras y a las mujeres negras y esclavas:

> Si el reconocimiento otorgado a las mujeres trabajadoras en la reunión de Seneca Falls fue casi insignificante, no hubo ni siquiera una breve mención de los derechos de otro grupo de mujeres que también «se rebelaron contra la vida en la que habían nacido». En el sur se rebelaron contra la esclavitud y en el norte contra una dudosa condición de libertad llamada racismo. Entre los conferenciantes de Seneca Falls había un hombre negro, pero no había ni una sola mujer negra entre los asistentes. Los documentos de la convención tampoco hacían referencia alguna a las mujeres negras [...], resulta desconcertante que se ignorara por completo a las mujeres esclavas [*Ibidem,* p. 36].

La cuestión de la domesticidad, por otra parte, la vivían de forma diferente las mujeres blancas y las negras. Si las mujeres blancas luchaban por liberarse de las limitaciones de una domesticidad que las relegaba a una situación de incapacidad legal y política, para las mujeres negras, especialmente las de clase media, era necesario reivindicar la domesticidad, la respetabilidad y el decoro victorianos para desafiar la representación de las mujeres negras como meros objetos sexuales. Los cuerpos de las mujeres negras, por tanto, representaban el lugar físico y el espacio político de la intersección de múltiples «líneas» de explotación.

Así, Angela Davis puso de relieve las contradicciones que rodeaban al incipiente movimiento sufragista. Si el abolicionismo había sido el terreno sobre el que se había desarrollado la conciencia de la necesidad de luchar por la libertad de las mujeres, las diferencias de clase y raza constituían ejes problemáticos que socavaban la idea de una solidaridad de género efectiva y remitían, en cambio, a un posicionamiento diferente de las mujeres en el espacio político estadounidense:

> El racismo y el sexismo a menudo coinciden, y la condición de las trabajadoras blancas suele estar ligada a la opresiva situación de las mujeres de color. Así, los salarios percibidos por las empleadas domésticas blancas siempre han estado fijados por los criterios racistas utilizados para calcular los salarios de las sirvientas negras. Las mujeres inmigrantes obligadas a aceptar un empleo doméstico ganaban poco más que sus homólogas negras [*Ibidem,* p. 57].

Las tensiones que Angela Davis percibía en el feminismo contemporáneo, en la dificultad de reconocer los múltiples ejes de poder que recorrían la vida de las mujeres afroamericanas, de las minorías y de las trabajadoras pobres, tenían profundas raíces que se hundían en la propia historia de la democracia estadounidense. Prueba de ello eran las dificultades encontradas por un movimiento sufragista incapaz de traspasar la barrera del color de la piel, los silencios sobre la cuestión del racismo y las leyes Jim Crow, que ratificaban la segregación racial en los estados del sur.

Fue la exploración de la herida de la esclavitud lo que distanció a Angela Davis y al feminismo negro del feminismo blanco, cosa que siguió siendo evidente incluso en el contexto contemporáneo de la irrupción del feminismo radical. Entre 1967 y 1970 salieron a la luz una serie de ensayos y documentos que revolucionaron el pensamiento feminista: en 1968, el manifiesto *No More Miss America,* que denunciaba el sexismo y el militarismo inherentes a la representación de la mujer que proponían los concursos de belleza, *The Myth of the Vaginal Orgasm,* de Anne Koedt, y *Notes from the First Year,* la colección de ensayos que daba cuenta de la nueva insurgencia feminista; en 1969, el *Redstockings Manifesto;* en 1970, el volumen *Sisterhood Is Powerful,* antología editada por Robin Morgan, *Dialectic of Sex,* de Shulamith Firestone, y *Sexual Politics,* de Kate Millett. Este último año, las calles y plazas estadounidenses se llenaron de miles de mujeres que salieron a la calle con motivo de la Huelga de Mujeres por la Igualdad, que celebraba el quincuagésimo aniversario de la ratificación de la Decimonovena Enmienda que concedía a las mujeres el derecho al voto. Kate Millett había puesto de relieve cómo el sexismo —es decir, el sistema de dominación de un sexo sobre el otro— había dado forma a toda la construcción del conocimiento occidental, tal como revelaba el análisis de las obras de escritores como D. H. Lawrence, Henry Miller o Norman Mailer. En los textos de estos autores aparecían las pruebas más claras de un sistema patriarcal que consideraba a las mujeres como objetos sexuales y constituía la base del orden político. En estas obras, la relación de dominación sexual constituía una relación de poder original, anterior incluso a las basadas en criterios de raza o clase. Por su parte, el *Redstockings Manifesto* rechazaba todas las ideologías existentes porque todas eran producto de la cultura supremacista masculina, considerada la más antigua y básica forma de dominación de la que derivaban otras formas de explotación y opresión, desde el racismo hasta el capitalismo, pasando por el imperialismo. Este era el significado del concepto «sororidad» al que se refería el libro de Robin Morgan, cuyo primer título debería haber sido *The Hand that Cradles the Rock*. Para Morgan, negar la opresión era ser cómplice de quienes la perpetraban, era una especie de colaboracionismo.

En la introducción al volumen, Morgan admitió que solo había tres ensayos sobre el feminismo afroamericano, consciente de que se trataba de un punto problemático porque no ponía de manifiesto la multiplicidad de experiencias y formas de lucha de las mujeres afroamericanas y de minorías étnicas en Estados Unidos. Y, sin embargo, al reiterar que la opresión de las mujeres no podía considerarse subordinada o de menor importancia que las cuestiones del racismo y el imperialismo, y que, de hecho, plantear esta cuestión era adoptar un punto de vista propio de la supremacía masculina, demostraba que no captaba la complejidad y la necesidad de identificar no jerarquías, sino intersecciones como una lente analítica útil para el propósito.

En la búsqueda de las raíces profundas de la discriminación de las mujeres, el feminismo blanco radical creía que la opresión sexual era el factor original arraigado en la diferencia biológica entre hombres y mujeres, lo que constituía la experiencia común de todas las mujeres, y todas las mujeres eran, ante todo, víctimas de un sistema patriarcal de dominación, porque de él derivaban todos los demás sistemas de dominación. No era esta la experiencia de las mujeres afroamericanas, chicanas e incluso de las blancas pobres, que recorrían caminos en cierto modo paralelos y antagónicos.

Frente a una definición homologadora de la sororidad, la reflexión de Angela Davis puso de relieve la «doble opresión» contra la que tenían que luchar las mujeres negras: la del racismo de la sociedad blanca, que implicaba la alianza con los hombres negros, y la batalla contra el sexismo presente en la experiencia histórica afroamericana. Davis compartía las críticas formuladas, entre otras, por Frances Beal, quien, en 1969, en «Double Jeopardy», había estigmatizado la pretensión de algunos líderes nacionalistas de asignar a las mujeres negras un modelo de domesticidad de clase media blanca que no era el suyo. Beal había fundado en 1968 la Alianza de Mujeres del Tercer Mundo (TWWA), un grupo que defendía los vínculos que compartía con la política antiimperialista. Además, con un recorrido similar al de Davis, Beal había vivido en París hasta mediados de los sesenta, había participado en las luchas anticoloniales del movimiento de liberación argelino, había conocido y leído a Franz Fanon y Malcolm X. Beal y las activistas de la TWWA rechazaban el carácter de clase media del movimiento por los derechos civiles y calificaban de «blancos» a los activistas afroamericanos que exigían que las mujeres negras fueran «criadoras». En su opinión, por el contrario, las mujeres negras constituían una especie de vanguardia en el proceso de liberación de todos los grupos oprimidos. No por casualidad, el ensayo de Beal, del que se hizo eco Davis, también criticaba la ideología de la masculinidad negra tal y como la promovían los líderes nacionalistas, así como su recepción del mito del matriarcado negro.

Las posiciones de Angela Davis se inscribían en una trayectoria marcada por textos como *A Black Feminist Statement* (1978), del colectivo Combahee River, que introducía la heteronormatividad como una forma más de dominación; *All the Women are White, All the Blacks are Men, but Some of Us Are Brave* (1982), la primera recopilación, editada por Barbara Smith, de escritos feministas negros en abierta polémica con el feminismo blanco y que complementaba la primera antología de escritos feministas chicanos, *This Bridge Called My Back: Writings by Radical Women of Colour,* editada por Cherrie Moraga y Gloria Anzaldúa en 1981. Le seguirían otras contribuciones fundamentales, como los ensayos de bell hooks *Ain't a woman? Black women and feminism* (1981) y *Feminist Theory: from margin to centre* (1984) o *Sister Outsider* (1986), de Audre Lorde.

Estas reflexiones se entrelazarían con las propuestas por otras estudiosas postcoloniales que denunciaban, como Chandra Mohanty, la forma en que el feminismo occidental había contribuido a la representación de las mujeres del Sur Global como mujeres sexualmente oprimidas, inexorablemente atrasadas e incapaces de tomar la palabra. Por otra parte, en la década de 1970, fueron precisamente las feministas negras las que se apropiaron del concepto «mujeres del Tercer Mundo», cargándolo de un evidente significado político, antiimperialista y anticapitalista.

La toma de conciencia de la contribución de las mujeres de color, durante mucho tiempo ignorada y distorsionada, no solo hizo más compleja la reconstrucción de la historia de los movimientos de mujeres, sino que fue necesaria para la introducción del enfoque multirracial en los estudios sobre la mujer y el género, así como para la activación de un movimiento multirracial de mujeres. Para Davis, la reflexión y el activismo debían cristalizar en la creación de coaliciones y formas de alianzas y solidaridad, y no en una oposición estéril entre movimientos de mujeres, movimientos afroamericanos o movimientos obreros.

Angela Davis se impuso, así, como una de las pioneras que introdujeron el concepto de interseccionalidad, apuntado por Kimberlé Crenshaw a partir de su ensayo de 1989 y a lo largo de la década de los noventa. El concepto parecía capaz de iluminar las múltiples e interconectadas formas de discriminación por motivos de género, raza, clase, religión y también, como se puso de relieve más tarde, los efectos multiplicadores de los diferentes sistemas de opresión. También en la reflexión de Davis quedaron reflejados tanto la dinámica implícita en el concepto de interseccionalidad como los diferentes niveles institucionales, culturales y sociales. Posteriormente, Patricia Hill Collins definió la interseccionalidad como un proceso que actúa dentro de una matriz de dominio para destacar sus conexiones y su complejidad. Además, al insistir continuamente en la necesidad de investigar la materialidad de las relaciones de poder concretas y, por tanto, también sus diferentes articulaciones, Davis instaba a no perder de vista las prácticas de solidaridad y la construcción de alianzas de distinto tipo. Así, su postura contribuyó a evitar el riesgo de un enfoque esencialista y desligado de la historia, típico de quienes consideraban las identidades algo monolítico y autorreferencial.

Angela Davis siguió defendiendo estos puntos de vista en los años posteriores. En 2017, en la Marcha de las Mujeres que había sido organizada coincidiendo con la toma de posesión de Trump, argumentó en su discurso:

Esta es una marcha de mujeres y esta marcha de mujeres representa la promesa del feminismo frente a los poderes perniciosos de la violencia de Estado. Un feminismo inclusivo e interseccional que nos llama a todos a unirnos a la resistencia contra el racismo, la islamofobia, el antisemitismo, la misoginia, la explotación capitalista [Davis 2017].

VI. Los legados del blues

En 1998, Angela Davis publicó *Blues Legacies and Black Feminism,* un volumen que daba continuidad a su obra anterior. En 1981, había hecho un llamamiento a los historiadores e historiadoras para que disiparan la niebla que se cernía sobre la experiencia de las mujeres negras esclavizadas, convencida de que ello constituía un paso ineludible en la batalla contemporánea por los derechos y la libertad. Siguiendo la estela de bell hooks, Davis seguía esforzándose para sacar a la luz las voces de los marginados, cuya experiencia había quedado escondida incluso dentro de la propia historia afroamericana.

Por ello, decidió centrarse en el blues primitivo, expresión de una cultura popular considerada «baja», y en particular en tres figuras, Gertrude «Ma» Rainey, Bessie Smith y Billie Holiday, no porque se les debiera imputar una conciencia «feminista»

—un atrevimiento insensato, afirmaba Davis—, sino porque sus trayectorias e interpretaciones permitían ver cómo la crítica y la rebelión contra las estructuras patriarcales podían colarse incluso en un ámbito aparentemente no político.

La elección de Davis, sin embargo, era altamente política: se trataba de dar profundidad histórica y política a las primeras cantantes de blues, marginadas en su momento por los intelectuales negros del Renacimiento de Harlem; figuras como Gertrude «Ma» Rainey y Bessie Smith, en particular, que dieron voz a los deseos, emociones y reivindicaciones de mujeres de clase trabajadora que a menudo no tenían acceso a la palabra escrita. A través de sus canciones y de la forma en que las interpretaban, proponían, sobre todo, una sexualidad que no encontraba espacio en el pensamiento de quienes querían dar visibilidad y voz a la capacidad de insurrección de los afroamericanos.

El protagonismo asumido por las cantantes de blues en las dos primeras décadas del siglo XX, en el momento de afirmación del blues clásico, las convirtió así en una especie de «prisma» a través del cual investigar el modo en que se desarrollaba una conciencia de raza y género. Estas tres artistas representaban tres momentos y expresiones musicales diferentes: Gertrude «Ma» Rainey se situó en el inicio de la tradición del blues clásico, Bessie Smith fue la que dio una especie de empujón a las formas del blues y, por último, Billie Holiday, que, a pesar de ser una brillante y todavía insuperable vocalista de jazz, permaneció anclada en la tradición del blues. Que Billie Holiday decidiera cantar *Strange Fruit* en 1939, una canción escrita en 1937 por el activista judío Abel Meeropol que denunciaba la lacra de los linchamientos, parecía una acción abiertamente política. Sin embargo, no era la única, como reveló el análisis de Davis.

Realizó un exhaustivo trabajo de búsqueda y recuperación de las letras (doscientas cincuenta y dos canciones). Priorizó la escucha directa, no solo porque las transcripciones disponibles eran a menudo inexactas, cuando no erróneas (como en el caso de las canciones de Rainey y Smith), sino porque de este modo podía sacar a la luz el «color» de las interpretaciones, los matices, la ironía. La interpretación, observó Davis, se convertía en toda una declaración, en el resultado de una elección de autonomía; palabras que deberían haber acatado la subordinación se cargaban, en cambio, de ironía y parecían una denuncia explícita de la opresión, incluso de la violencia.

La canción se convertía así en una fuente «oral», un valioso recurso para dar cuenta de la experiencia de las mujeres afroamericanas de clase obrera y pobres, de la conciencia de su condición de opresión dentro y fuera de las relaciones afectivas y familiares, sobre el tema de la violencia, e *in primis* de la violencia de género, que era así denominada y, por tanto, reconocida.

En su opinión, en las interpretaciones de las cantantes de blues se podían encontrar rastros, reelaborados pero también conservados, de tradiciones culturales arraigadas en el pasado esclavista. El amor, la sexualidad o el tema del viaje eran ingredientes fundamentales de una tradición cultural influida por las dinámicas que habían marcado la condición de los antiguos esclavos. En un contexto en el que el fin de la esclavitud no había significado el fin de la opresión y la dominación blancas, había dos esferas en las que los antiguos esclavos y las antiguas esclavas habían podido conquistar algunos espacios de libertad y autonomía: las relaciones sexuales y los viajes. En ambas esferas, la música popular puso de manifiesto las asimetrías que afectaban a las vidas de hombres y mujeres. Si para los hombres el viaje se asociaba a menudo con la experiencia de la migración del sur al norte —que caracterizó los años de la Primera Guerra Mundial, cuando la movilización bélica abrió oportunidades de empleo para los afroamericanos en las industrias del norte—, para las mujeres significaba quedarse solas. El viaje se asociaba a la idea de soledad, dolor y también a la consciencia de que podría haber conllevado muchos peligros.

La mayor capacidad de subversión, sin embargo, afectaba a los textos centrados en las relaciones sexuales, porque desafiaban una narrativa que habría pretendido que las mujeres afroamericanas tuvieran un destino marcado por la domesticidad y el matrimonio. En su lugar, lo que surgió de los textos y de la interpretación fue el estímulo necesario para que las mujeres afroamericanas se supieran fuertes, autónomas, independientes, para que crearan una comunidad capaz de estructurar formas de solidaridad. Era la propuesta de un modelo diferente al propugnado por asociaciones como la National Association of Coloured Women, creada en 1896, que había adoptado el lema *«Lifting as We Climb»* para inducir a las mujeres afroamericanas a perseguir una educación formal, moral y económica. Un modelo normativo arrastrado por el movimiento de clubes de mujeres afroamericanas que tuvo que rechazar los estereotipos racistas que asociaban la idea de inmoralidad y promiscuidad sexual a la imagen del cuerpo de la mujer negra, y que, sin embargo, no podía responder a la experiencia de las mujeres de clase trabajadora que demostraban que la búsqueda de autonomía y libertad no pasaba necesariamente por la adopción de un modelo de clase media:

> Las letras del blues femenino [...] exploran las frustraciones asociadas al amor y a la sexualidad y subrayan el carácter simultáneamente individual y colectivo de las relaciones personales. La sexualidad no se privatiza en el blues. Más bien se representa como una experiencia compartida que se produce socialmente. La mezcla de lo privado y lo público, lo personal y lo político, está presente en miles de canciones de blues que hablan del abandono, la deslealtad y la crueldad, así como en las que expresan el deseo sexual y la esperanza del amor [Davis 1998b:93].

Sobre todo, para Davis, las figuras femeninas evocadas en los blues de las artistas analizadas representaban a mujeres independientes, que ironizaban sobre el matrimonio como destino y que, en ocasiones, reivindicaban la misma libertad sexual practicada por los hombres. En el caso de Gertrude «Ma» Rainey, además, también hablaba explícitamente del amor entre mujeres, rompiendo así otro de los muchos silencios que perpetuaban nuevas y viejas opresiones. En particular, al centrarse en la cuestión de la libertad en las relaciones sexuales, se le daba un nombre, sin miedo, al problema de la violencia machista, y esto permitía sacar a la luz una cuestión que se pretendía confinar a un espacio privado para convertirla en un hecho político.

La denuncia de la doble opresión, la crítica de las posiciones de los líderes nacionalistas negros que habrían querido la subordinación de las mujeres en nombre de la reivindicación de la identidad negra, adquiría así una perspectiva histórica diferente y resaltaba las diferentes formas de resistencia y de lucha llevadas a cabo por las mujeres afroamericanas, incluso en el seno de sus propias comunidades. Para Davis, muchas canciones de blues ofrecían una especie de terreno donde compartir experiencias, en lugar de centrarse en la competencia entre mujeres, y permitían dar indicaciones sobre cómo comportarse, advirtiendo de los peligros inherentes a la forma en que podía utilizarse el poder seductor de los hombres dentro de lo que parecía ser una especie de comunidad imaginada. Las letras del blues femenino, tal como las interpretaban las cantantes clásicas, se extendían así a una serie de temas que iban desde el trabajo a la cárcel o la prostitución, pasando por la injusticia económica y social. Como señalaba Davis, de las letras surgía una especie de mosaico de la historia social de los afroamericanos tras la emancipación de la esclavitud.

En este contexto de denuncia social, el tema de la violencia adquirió una profundidad específica:

mediante el uso de la lente interseccional, fue posible visibilizar el entrelazamiento de las diferencias de clase y género que estructuraban los vínculos entre la violencia doméstica y la violencia racista, entre la opresión patriarcal dentro de la relación hombre-mujer, y las diferentes formas de violencia que afectaban a todos los sujetos no necesariamente definibles según una lógica binaria.

VII. Imaginar un mundo sin prisiones

El concepto de interseccionalidad también fue utilizado por Angela Davis para reflexionar sobre otro ámbito, a medio camino entre el activismo y la teoría política: la cuestión de la represión y el encarcelamiento como instrumento de disciplina política. Cuando fue detenida, en el verano de 1970, Davis ya participaba activamente en las asociaciones de defensa de los afroamericanos afectados tanto por las medidas de orden público como por aquellas dirigidas contra los disidentes políticos, como revelaron los llamados «Cointelpro Papers», que mostraban las diferentes estrategias adoptadas por el FBI para frenar a los grupos *Black Power* y, en particular, al Partido Pantera Negra. Se trataba de una cuestión compleja que, de nuevo, hundía sus raíces en una vieja historia. Como ya había denunciado Ida Wells-Barnett a finales del siglo XIX en *Southern Horrors,* la práctica de los linchamientos demostraba los vacíos legales y las contradicciones de un sistema judicial que acababa reproduciendo exclusiones e injusticias en lugar de proporcionar tutelas y protección.

> Históricamente, el sistema penitenciario ha sido parte integrante de nuestras vidas. Los negros salieron de la esclavitud solo para encontrarse con el sistema de trabajo penitenciario como uno de los elementos del nuevo aparato de explotación [Davis 1971b:3].

Así pues, el sistema penitenciario se veía a través de las lentes de la clase y la raza para revelar su verdadera naturaleza, para mostrarse como una solución subrogada, como sostenía Angela Davis, de la resolución de los problemas relacionados con la pobreza y el racismo. La represión, más que la rehabilitación, parecía ser el objetivo de un sistema que, gracias a las políticas introducidas en los años setenta y ochenta, adquirió las características de una institución corporativa, de un complejo penitenciario-industrial basado en la combinación público-privada:

> El término industria penitenciaria puede referirse precisamente a la producción de presos, incluso cuando la industria produce beneficios para un número cada vez mayor de empresas y, al desviar la riqueza social de instituciones como escuelas y hospitales, guarderías y viviendas,

desempeña un papel fundamental en la producción de las condiciones de pobreza que crean la percepción de necesidad de más prisiones [Davis 2001a:1238].

Los cuerpos encarcelados, argumentaba Davis, eran vistos como consumidores y productores de la transformación de fondos públicos en beneficios privados, marginando aquellas formas de asistencia social que podrían permitir a hombres y mujeres romper las barreras de la pobreza y el racismo. El proceso de privatización, continuaba Davis, vinculado a la progresiva adjudicación de tareas estatales a entidades privadas, era solo un ejemplo de la progresiva implicación de los intereses empresariales en el sistema judicial. Ya en 2001, incluso antes del aumento de las políticas de seguridad tras el 11-s y de la aprobación de la Patriot Act ese mismo año, había unas ciento cincuenta prisiones en veintiocho estados gestionadas por veintiséis corporaciones penitenciarias con fines lucrativos.

En el marco de este tipo de reflexiones surgió el proyecto político que exigía la abolición de las prisiones, consideradas herramientas de represión y lucro en lugar de instrumentos para la reinserción de los presos en la vida civil.

En la década de 1970, Angela Davis y otros activistas se inspiraron en la obra del estudioso escandinavo Thomas Mathieson, y en particular en su libro de 1974 *The Politics of Abolition,* que sirvió de base a algunos ejemplos de reforma penitenciaria como los que se aplicaron en Holanda en la década de los ochenta.

En Estados Unidos, como consecuencia de las políticas de orden público o de medidas como la «Ley de los tres golpes» —por la que, a la tercera infracción, aunque fuera leve, el juez podía imponer la pena máxima—, se había producido una tendencia inversa que empezó a definirse como «encarcelamiento masivo», un sistema por el que se encarcelaba a personas pertenecientes en su inmensa mayoría a la comunidad afroamericana o a minorías étnicas. Para Davis, tanto la crisis social como las diferentes formas de discriminación social, racial, étnica y de género se estaban resolviendo mediante la justicia penal, y no la civil, como principal herramienta para abordar los problemas sociales, en lugar de aplicar soluciones políticas orientadas a la inclusión y a la ampliación de los espacios democráticos. Por el contrario,

para imaginar un mundo sin prisiones [...] un nuevo vocabulario popular tendrá que sustituir al lenguaje actual, que articula el crimen y el castigo de tal manera que no podemos pensar en una sociedad sin criminalidad a menos que se trate de una sociedad en la que todos los criminales están encarcelados [Davis 2000:217].

En el curso de sus repetidas intervenciones sobre el tema, incluso en relación con los casos judiciales que llevaron a la explosión del movimiento *Black Lives Matter*, Angela Davis retomó las tesis expresadas por Michelle Alexander en *The New Jim Crow: Mass Incarceration in the Age of Colourblindness* (2019), que consideraban las prisiones como la encarnación del racismo, el nuevo marco legal y judicial para la reproducción del racismo y el sexismo. Cuando Davis publicó sus ensayos sobre abolicionismo, *Are Prisons Obsolete?* (2003) y *Abolition Democracy: Beyond Empire, Prisons, and Torture* (2005), Estados Unidos ostentaba el 20% de la población carcelaria mundial con una población total que no llegaba al 5% de la población global. La composición racial de esta población carcelaria era sintomática de las asimetrías sociales: los latinoamericanos constituían el 35,2%, los afroamericanos el 30% y los blancos el 29,2%.

Había, en su opinión, un hilo conductor que unía la batalla por la abolición de la esclavitud y las campañas contemporáneas contra un sistema penal que reproducía las asimetrías de raza, clase y género. Tras el final de la Guerra Civil, los estados del sur habían aprobado los «Códigos Negros», que se convirtieron en la base de un sistema penal con capacidad de restringir legalmente las libertades de los antiguos esclavos. Y ya en 1883, recordaba Davis, Frederick Douglass advertía de la tendencia en el sur a «imputarle el crimen al color». No solo eso: era posible trazar un vínculo entre la prisión como forma de castigo, que en el pasado incluía un sistema de presos alquilados (vigente hasta principios del siglo xx) y el negocio penitenciario privatizado contemporáneo.

Dentro de este sistema, el género se impuso entonces como una categoría necesaria para leer la especificidad de la condición de las mujeres y de todos los sujetos que no podían adscribirse a una lógica de identidad binaria, como en el caso de los sujetos transexuales. Para las mujeres y los sujetos no binarios, argumentó Davis, la prisión constituía un lugar de diversas y múltiples prácticas de violencia y relaciones de dominación: no solo violencia física y sexual, sino falta de higiene, de cuidados y asistencia médica, violación de los derechos reproductivos y, en algunos casos, incluso casos de esterilización forzada.

En el contexto carcelario, los debates teóricos que se referían a la discusión feminista sobre la propia categoría de «mujer», sobre los riesgos de esencialización y homologación, encontraron una aplicación diferente y tal vez más radical.

Desde una perspectiva feminista, según Davis, el abolicionismo anticarcelario debería haber incluido el abolicionismo sobre el control de género, es decir, debería haber denunciado la violencia epistémica que implicaba a la sociedad en su conjunto. Partiendo del reconocimiento del principio «lo personal es político», fundamento de las luchas feministas, había que hacer visible el vínculo entre la lucha contra la violencia hacia las mujeres y la lucha contra los crímenes policiales, entre la violencia pública y la privada o privatizada.

Por lo tanto, el nuevo abolicionismo, al centrarse en esa institución específica de la política económica que es la prisión, componente crucial del control social, iluminó las intersecciones entre género, raza, colonialismo y capitalismo, y puso al descubierto las decisiones que habían llevado a un cambio progresivo de las políticas sociales en detrimento de las inversiones en educación, sanidad y vivienda. Partiendo de la perspectiva feminista, el concepto de seguridad que Angela Davis proponía era el de seguridad humana, no un concepto militarizado o que solo virara hacia los esquemas de la seguridad nacional. La seguridad tutelada por la violencia no era, advertía Davis, la verdadera seguridad.

Este era el trasfondo que, a raíz de las batallas del movimiento *Black Lives Matter,* había llevado a pedir la «desfinanciación de la policía»; una cuestión extremadamente controvertida en el contexto de polarización política estadounidense, pero que parecía coherente con las críticas a la violencia policial y las políticas de elaboración de perfiles raciales que habían caracterizado a las administraciones republicanas y a otras a partir de los años setenta. No por casualidad, una de las reivindicaciones del *Programa de los Diez Puntos* del Partido Pantera Negra consistía precisamente en poner fin a la brutalidad policial contra la comunidad negra a través de la liberación de todos los negros y personas oprimidas por no haber tenido un juicio justo e imparcial.

Para Davis, era en el terreno de la justicia y sus articulaciones donde se disputaba la posibilidad de un enfoque feminista, interseccional y antirracista de la democracia. Para conseguirlo, no se podía ser moderado.

Bibliografía

Textos y obras de Angela Davis

If They Come in the Morning: Voices of Resistance, Third Press, Nueva York, 1971[a].

«The Soledad Brothers», *The Black Scholar,* 2.8-9 (1971[b]), pp. 2-7.

«Reflections on the Black Woman's Role in the Community of Slaves», *The Massachusetts Review,* 13.1-2 (1972), pp. 81-100.

An Autobiography, Random House, Nueva York, 1974. Edición española: *Autobiografía,* E. Donato (tr.), Capitán Swing, Madrid, 2016.

«Rape, Racism and the Capitalist Setting», *The Black Scholar,* 12.6 (1981[a]), pp. 39-45.

Women, Race & Class, Random House, Nueva York, 1981[b]. Edición española: *Mujeres, raza y clase,* A. Varela Mateos (tr.), Akal, Madrid, 2022.

«Women, Race and Class: An Activist Perspective», *Women's Studies Quarterly,* 1.4 (1982), pp. 5-9.

Women, Culture & Politics, Vintage, Nueva York, 1984 (1990). Edición española: *Mujeres, cultura y política,* D. Esteban Sanzol (tr.), Altamarea, Madrid, 2024.

«The Black Family and the Crisis of Capitalism» [con Fania Davis], *The Black Scholar,* 17.5 (1986), pp. 33-40. Traducción al castellano en DAVIS [2024:98-117].

«Keynote Address», *Stanford Law Review,* 43.6 (1991), pp. 1175-1181.

«Nappy Happy» [con Ice Cube], *Transition,* 58 (1992), pp. 174-192.

«Civil Liberties and Women's Rights: Twenty Years On», *Irish Journal of American Studies,* 3 (1993), pp. 17-29.

«Afro Images: Politics, Fashion, and Nostalgia», *Critical Inquiry,* 21.1 (1994[a]), pp. 37, 39-41.

«Black Women and the Academy», *Callaloo,* 17.2 (1994[b]), pp. 422-431.

The Angela Y. Davis Reader, J. James (ed.), Wiley Blackwell, Londres, 1998[a].

Blues Legacies and Black Feminism: Gertrude «Ma» Rainey, Bessie Smith, and Billie Holiday, Vintage, Nueva York, 1998[b].

«The Challenge of Prison Abolition: A Conversation» [con Dylan Rodriguez], *Social Justice,* 27.3 (2000), pp. 212-218.

«Prison as a Border: A Conversation on Gender, Globalization, and Punishment» [con Gina Dent], *Signs,* 26.4 (2001[a]), pp. 1235-1241.

«Race, Gender, and the Prison Industrial Complex: California and Beyond» [con Cassandra Shaylor], *Meridians,* 2.1 (2001[b]), pp. 1-25.

Are Prisons Obsolete?, Seven Stories Press, Nueva York, 2003.

Abolition Democracy: Beyond Prisons, Torture, and Empire, Seven Stories Press, Nueva York, 2005. Edición española: *Democracia de la abolición. Prisiones, racismo y violencia,* I. Fortea (tr.), Trotta, Madrid, 2016.

The Meaning of Freedom: And Other Difficult Dialogues, City Lights, San Francisco, 2012[a].

«Attica Futures: 21st Century Strategies for Prison Abolition», en M. Mauer y K. Epstein (eds.), *To Build a Better Criminal Justice System. 25 Experts Envision the Next 25 Years of Reform,* The Sentencing Project, Washington, 2012[b], pp. 30-31.

«Before I Knew Elizabeth Martinez», *Social Justice,* 39.2-3 (2013), pp. 96-100.

Freedom Is a Constant Struggle: Ferguson, Palestine, and the Foundations of a Movement, Haymarket

Books, Nueva York, 2015. Edición española: *La libertad es una batalla constante. Ferguson, Palestina y los cimientos de un movimiento,* E. Odriozola, A. Reyes y L. Gómez (trs.), Capitán Swing, Madrid, 2017.

«Full Speech: Legendary Activist Angela at Women's March on Washington», 2017 (en línea: https://www.youtube.com/watch?v=bSGPGN-JpaE0).

«The Past, Present, and Future of Assata's Message», *Women's Studies Quarterly,* 46.3-4 (2018), pp. 232-234.

Otras publicaciones

Aberbach, J. D. y Walker, J. L., «The Meanings of Black Power: A Comparison of White and Black Interpretations of a Political Slogan», *The American Political Science Review,* 64.2 (1970), pp. 367-388.

Alarcón, N., «The Theoretical Subject(s) of This Bridge Called My Back and Anglo-American Feminism», en C. McCann y S.-K. Kim (eds.), *Feminist Theory Reader. Local and Global Perspectives,* Routledge, Nueva York, 2003, pp. 404-416.

ANDRE, J., «Power, Oppression and Gender», *Social Theory and Practice,* 11.2 (1985), pp. 107-122.

APTHEKER, B., *The Morning Breaks: The Trial of Angela Davis,* Cornell University Press, Ithaca, 1999.

BEAL, F. M., «Double Jeopardy. To Be Black and Female» [1969], en *Meridians: feminism, race, transnationalism,* 8.2 (2008), pp. 166-176.

BEINS, A., «Radical Others: Women of Color and Revolutionary Feminism», *Feminist Studies,* 41.1 (2015), pp. 150-183.

BERKELEY, K., *The Women's Liberation Movement in America,* Greenwood Press, Westport, 1999.

BHAVNANI, K.-K., «Complexity, Activism, Optimism. An Interview with Angela Y. Davis», *Feminist Review,* 31 (1989), pp. 66-81.

BIEBER, A, «Who's Afraid of Angela Davis?», *Colloquia Germanica,* 50.1 (2017), pp. 55-76.

BREINES, W., *The Trouble Between Us: An Uneasy History of White and Black Women in the Feminist Movement,* Oxford University Press, Nueva York, 2006.

CRENSHAW, K., *Demarginalizing the intersection of race and sex: a black feminist critique of antidiscrimination doctrine, feminist theory, and antiracism politics,* University of Chicago Legal Forum, Chicago, 1989, pp. 139-167.

CRENSHAW, K., «Mapping the margins: intersectionality, identity politics, and violence against women of color», *Stanford Law Review,* 43.6 (1991), pp. 1241-1299.

FAGAN GINGER, A., «Doris Brin Walker Discusses the Angela Davis Case», *Human Rights,* 2.2 (1972), pp. 139-150.

HANNIGAN, M. y PLATT, T., «Interview with Angela Davis», *Crime and Social Justice,* 3 (1975), pp. 30-35.

HILL COLLINS, P., «The Politics of Black Feminist Thought», en MCCANN y KIM [2003:318-336].

MCNAIR BARNETT, B., «Angela Davis and *Women, Race & Class:* A Pioneer in Integrative RGC Studies», *Race, Gender & Class,* 10.3 (2003), pp. 9-22.

OGBAR, J., *Black Power: Radical Politics and African American Identity,* Johns Hopkins University Press, Baltimore, 2005.

PESCE, M. y ZOHAR, M., *Angela Davis,* Becco Giallo, Padua, 2020. Edición española: *Angela Davis,* R. Barbany (tr.), La otra h (Herder), Barcelona, 2021.

PLATT, T., «Interview with Angela Davis», *Social Justice,* 40.1-2 (2014), pp. 37-53.

SIMONS, M. A., «Racism and Feminism: A Schism in the Sisterhood», *Feminist Studies,* 5.2 (1979), pp. 384-401.

WOODARD, K., THEOHARIS, J. y GORE, D. F., *Want to Start a Revolution?: Radical Women in the Black Freedom Struggle,* New York University Press, Nueva York, 2009.

Índice

Nota de los editores   7

Cronología esencial   9

I   Un mundo nuevo se abrió ante mis ojos   19

II   Era como si fuese dos personas, las dos caras de la cabeza de Jano   29

III   La lucha fue un nervio vital, nuestra única esperanza de supervivencia   41

IV   Liberad a Angela   51

V   Racismo y sexismo a menudo coinciden   61

VI   Los legados del blues   85

VII   Imaginar un mundo sin prisiones   95

Bibliografía   105

«No hay barrera, cerradura ni cerrojo que puedas imponer a la libertad de mi mente».

Virginia Woolf